엄마, 아빠와 함께하는
컴퓨팅 사고력
키우기!

터틀 로봇 놀이

카드 코딩편

YoungJin.com Y.
영진닷컴

코딩 첫걸음!
엄마, 아빠와 함께하는 컴퓨팅 사고력 키우기
터틀 로봇 놀이 : 카드 코딩편

1판 1쇄 발행 : 2018년 3월 6일
1판 4쇄 발행 : 2024년 5월 8일

발 행 인 : 김길수
발 행 처 : (주)영진닷컴
등   록 : 2007. 4. 27. 제16-4189호
이 메 일 : support@youngjin.com
주   소 : (우)08507 서울특별시 금천구 가산디지털1로 128 STX-V타워 4층 401호

Copyright ⓒ2024 by Youngjin.com Inc.
401, STX-V Tower, 128, Gasan digital 1-ro, Geumcheon-gu, Seoul, Republic of Korea, 08507.
All rights reserved. First published by Youngjin.com. in 2018. Printed in Korea

저작권법에 의해 한국 내에서 보호를 받는 저작물이므로 무단 전재와 복제를 금합니다.

ISBN : 978-89-314-5708-7

독자님의 의견을 받습니다.
이 책을 구입한 독자님은 영진닷컴의 가장 중요한 비평가이자 조언가입니다. 저희 책의 장점과 문제점이 무엇인지, 어떤 책이 출판되기를 바라는지, 책을 더욱 알차게 꾸밀 수 있는 아이디어가 있으면 팩스나 이메일, 또는 우편으로 연락주시기 바랍니다. 의견을 주실 때에는 책 제목 및 독자님의 성함과 연락처(전화번호나 이메일)를 꼭 남겨 주시기 바랍니다. 독자님의 의견에 대해 바로 답변을 드리고, 또 독자님의 의견을 다음 책에 충분히 반영하도록 늘 노력하겠습니다.
파본이나 잘못된 도서는 구입처에서 교환 및 환불해 드립니다.

STAFF
저자 남기원, 이수연, 장유진 | **감수** 한승철 | **책임** 김태경 | **진행** 성민 | **디자인 · 편집** 김효정 |
영업 박준용, 임용수, 김도현, 이윤철 | **마케팅** 이승희, 김근주, 조민영, 김민지, 김진희, 이현아 | **제작** 황장협 |
인쇄 제이엠인쇄

저자의 글

저자 **남기원**

우리 아이 컴퓨팅 사고력을 위한 코딩 교육!
터틀 로봇으로 시작해보세요!

교육은 학습자의 긍정적인 변화와 발달을 기본적인 목적으로 하고 있습니다. 따라서 교육은 교육 대상에 대한 이해를 바탕으로 이루어져야 하며, 교육을 통해서 학습자의 지식, 기술, 태도적인 변화가 긍정적으로 일어날 때 참 의미가 있습니다. 또한 교육 내용은 현 사회뿐만 아니라 학습자가 살아가야 하는 미래사회의 문화적인 변화를 반영해야 합니다.

특히 유아를 대상으로 한 교육에서는 이러한 교육의 본질과 더불어 유아기의 발달특성을 반영한 교육실행이 더욱 중요시되며, 매 순간 신중을 기해야 합니다. 일반적으로 유아대상의 교육에서는 교육의 기회와 내용을 유아가 주체적으로 선택하기 보다는 성인이 더 많은 선택권을 갖기 때문입니다.

필자는 대학부속유치원에서 10여 년 근무하면서 국가수준의 교육과정 및 이에 근거한 교육프로그램을 개발하면서, 지속적으로 사회 문화적으로 의미 있는 교육내용 개발에 힘써왔습니다. 교육프로그램 개발 시에 가장 기본이 되어야 하는 핵심 요소들이 몇 가지 있는데, 그중 하나가 유아기에 '이 경험이 꼭 필요한가?'입니다.

유아들의 삶은 수많은 즐거움으로 가득차야 하며, 상상이 자발적으로 발현될 수 있는 쉼표가 필요합니다. 유아들의 하루에서 웃음과 한가로움이 빠져 있다면, 유아는 아니 우리 자녀는 '아이다움'을 잃어버릴 수 있습니다. '아이다움'은 유아들만이 누릴 수 있는 특권이며, 미래 자신의 삶을 위한 창의적인 생각, 도전, 실패를 통한 발달을 경험할 수 있는 행복한 성장의 필수요소입니다. 따라서 성인인 우리들은 유아를 대상으로 한 교육의 내용과 교수학습 방법에서 보다 신중을 기하며, 교육과정에 유아들의 다양한 요구들을 수용할 수 있는 통합과 융합의 요소들을 반영해야 합니다.

필자의 이러한 교육개발관련 철학은 한 가지 경험을 통해 더욱 확고해졌습니다. 초임 교사시절, 방송국의 어린이날 특집 프로그램에 참여한 적이 있는데, 근무하던 대학부속유치원의 아이디어로 만들어진 프로그램명이 '장난감 없는 유치원'이었습니다. 모두가 교육적으로 의미 있는 환경과 교구를 제공함에 대해서 중요성을 강조하는 그 시기에 '장난감 없는 유치원'이라니…?

필자는 한 달여 동안 7살 어린들과 장난감이 전혀 없는 교실에서 지내면서 10여 년의 교사 생활에서 손에 꼽히는 의미 있는 경험을 하게 되었는데 유아들의 생각과 자발적 탐색, 그리고 소통을 통한 놀이와 놀이규칙의 자발적 생성, 그리고 그 안의 수많은 즐거움 요소들은 유아뿐만 아니라 교육자인 나에게도 성장의 기회가 되었습니다. '부족한 것 없는 현대사회에서 우리들은 유아기의 다양한 경험이 중요함을 강조하면서, 보다 근본적인 놀이의 본질을 잃어가고 있는 것은 아닐까?' 유아들의 교육에서는 '더해야 하는 것'과 '빼야하는 것'의 균형이 중요합니다. '빼기'는 결핍을 뜻하는 것이 아니라, 유아들이 자신의 경험을 내면화하면서 진정한 성장이 이루어지는 '경험의 체득화' 시간이 될 수 있습니다. 따라서 유아들에게 '무엇을 가르쳐야 하느냐?'는 보다 신중을 기해 선별되어야 하며, 발달에 근거해 과중되지 않도록 해야 합니다.

굳이 4차 산업혁명을 인용하지 않더라도 현대사회는 많은 변화가 있으며, 우리 아이들은 더 큰 변화가 기다리는 미래를 맞이해야 합니다. 이미 발견된 지식의 습득이 아니라 새로운 지식에 대한 지적 호기심과, 이를 추구하는 탐구적 태도, 미래사회에서 경험하게 될 수많은 문제들을 수용하면서 창의적으로 해결할 수 있는 소양(literacy)이 필요한 것입니다. 미래를 즐기는 소양(literacy)은 즐거움을 내재되어 있는 경험을 제공함으로써 가능하며, 특히 '생각하기를 즐기는 경험'과 안정적인 심리적 기반을 통해 지적 탐구에 대한 흥미를 갖도록 안내해야 합니다. '생각하기를 즐기는 경험'은 사고력에 잔 근육을 만드는 것과 같습니다. 유아와 아동기에 형성된 사고력의 잔 근육은 발달 시기뿐만 아니라 이후의 학습태도를 결정하며, 문제 해결에 있어서 주체적인 참여와 성취와 연결되는 중요한 삶의 태도입니다.

이에 본 저자는 유아를 대상으로 한 국가교육과정과 유아-초등 연계 교육 프로그램을 개발한 경험을 바탕으로 본 책을 준비했습니다. 국가수준을 고려한 컴퓨팅 사고력, 언플러그드, 프로그래밍 토이 책은 극히 드문 상황에서 본 책이 유아, 초등학생, 그리고 이들의 부모, 교육전문가에게 보다 쉽고 의미 있게 다가가는 책이 되기를 기대해 봅니다. 가장 기본적인 내용들을 간략하게 기술함으로써 누구나 쉽고 즐겁게 놀이할 수 있도록 중점을 두어 집필했습니다.

본 책의 작업이 저자인 저에게도 새로운 도전을 통한 성장의 기회가 되었음을 고백하며, 마지막으로 본 책을 통해 부디 저의 마음이 전달되는 기회가 되기를 소망해봅니다. 모든 과정에서 함께해준 가족과 교육자로서 성장하도록 도와주신 지도 교수님 및 학과 교수님들, 부속유치원, 그리고 연구실 모든 식구들과 책을 감수해주신 한승철 교수님, 바쁘신 와중에 격려의 마음을 담아 추천의 글을 보내주신 모든 분, 영진출판사 관계자분들께 감사의 말씀을 드립니다. 사랑합니다. 추운 겨울, 쌓인 눈을 녹이는 봄의 그 따스함만큼 깊이 사랑합니다.

2018년 2월

저자 남기원 드림

저자의 글

저자 이수연

시대의 흐름과 사회 변화에 따라 아이들이 무엇을 배우고, 어떤 방법으로 배우는 것이 좋을까에 대한 교육자들의 고민이 달라져야 합니다. 하지만, 아이들은 놀이를 통해서 가장 잘 배울 수 있다는 사실은 시대의 변화와 상관없는 불변의 진리입니다. 우리의 아이들이 어떻게 잘 놀 수 있을지 고민하고 무엇이 교육적인가에 대해 끊임없이 생각해야 할 책임을 가진 교육자로서 터틀 로봇을 가지고 '잘 놀 수 있는' 방법을 고민했습니다. 특히, 미래에 살아가기 위해 아이들이 길러야 하는 능력 중 중요한 역량인 컴퓨팅 사고를 증진하기 위한 방법을 고민하고 놀이를 통해 만지고 생각할 수 있는 활동을 담아 이 책을 구성했습니다. 터틀 로봇은 끊임없이 손을 움직이며 노는 특성을 가진 아이들의 새로운 생각의 도구가 될 수 있을 거라 기대합니다. 특히, 컴퓨터가 생각하는 방식을 컴퓨터 없이 터틀 로봇을 직접 조작해 봄으로써 자신의 생각을 구체화할 수 있을 것입니다. 이러한 과정의 경험을 통해 호기심이 증진되고 과학과 기술, 공학, 수학에 대한 개념을 몸으로 익힐 수 있는 경험을 할 수 있을 거라 생각합니다.

저자 장유진

사람의 움직임에 반응하는 TV, 음성인식이 가능한 냉장고, 인공지능이 탑재된 에어컨 등 우리의 생활을 보다 편리하게 만든 핵심은 바로 소프트웨어(SW)입니다. '소프트웨어'하면 어떤 생각이 떠오르나요? 뭔가 컴퓨터와 관련되어 있을 것 같고, 컴퓨터와 관련된 일을 하는 사람들에게만 중요할 것 같다고요? 소프트웨어는 지금보다 더 많은 곳에 쓰이며 우리 생활에 점차 큰 영향을 주게 될 것입니다. 여러분이 살아갈 미래에는 읽기, 쓰기, 셈하기 그리고 여기에 한 가지 더! 컴퓨팅의 원리를 기반으로 문제를 효율적으로 해결할 수 있는 능력인 '컴퓨팅 사고력'도 필수라고 합니다. 이러한 필요성에서 우리는 2019년부터 초등학교에서 소프트웨어에 대해 배우게 됩니다. 소프트웨어 교육을 통해 일상생활 속에서 만나게 될 문제 상황들을 분석해서 이해하고, 문제를 해결하는 순서를 고려해서 보다 효율적으로 문제를 해결할 수 있도록 생각하는 힘을 기를 수 있습니다. 이 책은 여러분이 '터틀 로봇'이라는 작은 로봇과 함께 놀이하며 어렵지 않게 소프트웨어에 대해 배울 수 있는 내용으로 이루어져 있습니다. 색깔 코딩 카드와 색깔 명령을 사용해서 터틀 로봇에게 주어진 다양한 문제 상황을 이해하고 미션을 해결하다 보면 어느새 창의적인 생각과 논리적 사고, 문제 해결능력이 쑥쑥 자라 있을 거예요!

자! 그럼 지금부터 터틀 로봇과 함께 신나게 놀아볼까요?

추천의 글

우리 주변을 둘러보면 컴퓨터를 쉽게 접할 수 있다. 이젠 컴퓨터 없이는 아무것도 할 수 없는 사회가 되었다. 컴퓨터는 명령어들을 코딩한 프로그램 즉, 소프트웨어에 의하여 동작하는 기계장치이다. 이러한 기계장치를 하드웨어라 하고, 이 하드웨어를 움직이게 하는 것이 소프트웨어인 것이다. 올해부터 초등학교와 중학교 정규과목으로 소프트웨어를 필수로 배우게 된다. 지금까지 대학이나 전문 교육기관에서만 다루었던 과목이었던 만큼 어려운 과목임에는 틀림없다. 실제 많은 학생들이 수학만큼이나 소프트웨어 관련 과목을 어려워한다. 컴퓨팅 사고가 익숙하지 않은 상태에서 논리적 사고를 하기에는 어려웠고, 재미가 없다는 것이다.

본 교재에서 출현하는 터틀 로봇은 컴퓨터 장치와도 같다. 연속적 명령에 따라 움직이며 목적을 달성한다. 여기서 연속적 명령이 곧 코딩이며 반복적 코딩 훈련은 컴퓨팅 사고를 증진하고, 어렵고 복잡한 문제를 단순화하여 보다 쉽게 문제 해결능력을 배양한다. 본 교재는 아이가 순서에 따라 명령 카드를 터틀 로봇에 입력하여 주어진 문제를 해결함으로써 자연스럽게 코딩 교육과 컴퓨팅 사고를 하도록 유도하고 있다. 아이의 눈높이에 맞도록 직관적인 다양한 선 모양과 색깔로 코딩하도록 구성하였고, 응용 활동에서는 아이들이 흥미를 가질 수 있는 주제로써 창의성을 발휘할 수 있도록 하였다.

본 교재를 통한 코딩 교육이 반드시 컴퓨터 프로그래머 양성에 목적을 두지 않았다. 아이들이 살아가야 할 미래는 주변에 수많은 컴퓨터들과 상호 협력하며 살아가야 할 세상이기에 논리적 사고력을 키우고, 정확하고 신속한 판단력을 갖춘 컴퓨팅 사고력이 다양한 직업군에서 그 효력을 발휘할 것이다.

부산대학교 IT응용공학과 교수 김주만

컴퓨팅 사고는 우리 모두가 이미 일상생활에서 효율적으로 살아가기 위해 너무나도 익숙하게 하고 있는 '그 자체'이다. 이 책은 바로 우리들의 익숙한 '생각하기'를 놀이로 접목하여, 놀면서 사고하기를 즐길 수 있는 도구가 될 것이다.

단국대학교 융합기술대학 교수 김기원

'컴퓨터'와 '사고'라는 단어가 주는 딱딱함과 개인적 몰입의 그 선입관을 깨는 책! 이 책에서의 '문제'는 사고를 촉진하고, 소통을 증진하며, 공감을 불러일으킨다. 바로 이 책을 함께 본다는 것은 즐겁게 함께 성장할 수 있음을 뜻하는 것이다.

국립창원대학교 컴퓨터공학과 교수 정성욱

자녀들의 사고력 증진을 위해 고민하던 많은 부모님께. 댁의 자녀들이 가정과 학교에서 또래들과 '주체적 놀이자'가 될 수 있는 길이 있다. 바로 이 책은 터틀 로봇에 대한 기본적 이해를 바탕으로 다양한 놀이를 지원하는 자료들이 함께 개발되어 있어 끊임없는 사고와 문제 해결의 기회를 창출할 수 있다. 이제 자녀에게 디지털 매체를 이용한 '주체적 놀이자'가 될 기회를 선물하자.

동명대학교 총장 정홍섭

아이들은 모두 손으로 무언가 만져보고 움직여 보며 생각하는 힘을 기른다. 우리들의 기억을 더듬어보자. 어떠한 기억이 의미있게 느껴지는가? 바로 자신이 좋아하는 것들을 만져보면서 무언가 즐겁게 알아가고 그 과정에서 성장하는 나를 발견해오지 않았을까?

빠르게 변화하는 이 시대, 우리 자녀들에게 꼭 필요한 컴퓨팅 사고와 교육용 프로그래밍을 어떻게 하면 쉽고도 재미있게 가르칠 수 있을까?

터틀 로봇은 바로 4차 산업혁명 시대를 이끌어갈 우리 아이들 발달에 적합한 프로그래밍 장난감으로, 이 책을 통해 쉽고 재미있게 터틀 로봇의 작동 원리를 이해하고 교육용 로봇 프로그램을 움직이는 방법을 배울 수 있을 것으로 기대한다. 교육용 로봇 프로그램에 즐거움을 더한 책이 바로 이 책이기 때문이다.

교육은 사회의 변화를 반영하는 것으로 학부모 교사 교육자들은 모두 우리 자녀들이 사회 문화적 변화을 적극적으로 받아들이면서도 바람직한 방향으로 계속 변화 발전하도록 주의를 기울일 필요가 있다. 디지털 매체가 자연스러운 일상환경이 되고 있는 이 시대, 이러한 매체를 활용하여 소통하며 놀이를 통해 배울 수 있는 기회를 제고했다는 것. 그 자체로 의미가 있는 일이다. 모쪼록 이 책이 우리 아이들에게 디지털 미디어와 더불어 성장하는 '나'를 발견하는 역할을 다하기를 기대한다.

중앙대학교 교육학과 교수, 교수학습개발센터장 송해덕

유아는 우리나라 미래의 가치를 결정한다. 유아들을 기르고 지원하는 것은 바로 국가가 그리고 성인들이 해야 할 일이다. 미래가 요구하는 인재의 길이 무엇일까?

바로 미래의 변화를 예견하며, 이를 즐겁게 준비하는 태도를 길러주는 것이 아닐까? 이것이 교육환경의 변화를 반영하는 이러한 책들이 계속해서 출간되어야 하는 이유이다.

컴퓨터공학박사, 신한은행 ICT기획부 팀장 이광식

추천의 글

우리 모두는 새로운 것에 익숙해질 때까지는 모두가 어린아이처럼 배워야 할 것이다. 만져보고, 이야기하면서, 즐겁게 하다보면 어느새 익숙해진다. 바로 이 책이 우리 모두에게 그 기회를 제공할 것이다.

변호사, 컴퓨터공학박사, 법무법인 거인 대표 **조종환**

인터넷이 보급되면서 사람들의 생활과 생각을 급속히 변화시켰고 경계의 구분 없는 융합을 강조하는 4차 산업혁명에서는 이를 더욱 가속화시킬 것이다. 이러한 환경에서 잘 적응하려면 기존의 틀에 갇힌 교육이 아닌 무언가 새로운 것을 쉽게 도전하고 즐길 수 있도록 도와줄 수 있는 교육체계로의 변화가 절실하다. 디지털 매체의 발달과 확산은 아이들의 성장과정에서 지금 예견하는 것을 뛰어넘는 '그 무엇'을 이끌 수 있도록 지원한다. 따라서 우리는 '디지털 매체가 적절한 교육수단인가?'를 넘어서 '디지털 매제를 어떻게 적절하게 아이의 성장과정을 위해 활용할 것인가?'와 같은 방법론적 고민을 해야 할 때이다. 따라서 이 책과 같은 교육전문가의 프로그램 개발은 4차 산업혁명과 같은 융합 시대의 요구를 반영하고 발빠르게 대처할 수 있는 능력을 배양하도록 도와줄 산물이라고 볼 수 있다.

한국인터넷진흥원 팀장 **박용규**

이 교재는 어린이들이 터틀 로봇이라는 간단한 로봇을 통해 소프트웨어 프로그래밍의 기초적인 개념을 익히는 데 적합하다고 생각한다. 재미와 코딩 교육의 두 마리 토끼를 잡을 수 있는 기회이다.

서울대학교 컴퓨터공학부 교수 **권태경**

무언가 새롭게 배운다는 것은 도전이며 모험이다. 디지털 매체와 기술의 발전으로 빠르게 변화하는 이때, 새로운 교육적 이슈에 대한 주제를 즐겁게 배우고 익힐 수 있도록 도와주는 책이 있다는 것은 반가운 소식이다. 이 책을 통해 아이들과 함께 컴퓨팅 사고가 무엇이며 우리 삶에 왜 필요한지 알 수 있을 것이다.

미국 랜더대학교 컴퓨터학과 교수 **Gilliean Lee**

컴퓨팅 사고의 기초를 쉽고 재미있게 배울 수 있도록 도와주는 책이다. 어렵게 생각되었던 컴퓨팅 사고력을 터틀 로봇과 놀면서 증진할 수 있는 기회를 모두에게 선물하고 싶다.

서강대학교 컴퓨터공학과 교수 김승욱

안전 교육

터틀 로봇 놀이를 안전하게 해요!

★ 터틀 로봇은 프로그래밍이 되어있는 기계 친구예요.
  던지거나 떨어뜨리면 고장 날 수 있어요.

★ 활동지를 가위로 오릴 때 다치지 않게 조심해요.
  어린이용 안전가위를 사용하세요.

★ 종이에 베이거나 긁히지 않도록 조심해요.

★ 투명 테이프를 뜯을 때 칼날 부분에 손이 베이지 않게 조심해요.

★ 풀은 종이를 붙이는 용도 외에 사용하지 않아요. 절대로 먹으면 안 돼요.

★ 기본 매트의 경우에는 모서리에 베이거나 긁히지 않도록 조심해요.

이 책의 목차

PART 01 카드 코딩

색깔 카드 입력하는 방법	20
함수 카드 입력하는 방법	22
함수 카드 명령을 불러오는 방법	24

활동 01 앞으로 이동하기 … 25
　같이 해보아요! … 25
　도전!!! … 27

활동 02 오른쪽으로 이동하기 … 29
　같이 해보아요! … 29
　도전!!! … 32

활동 03 왼쪽으로 이동하기 … 36
　같이 해보아요! … 36
　도전!!! … 39

활동 04 뒤로 이동하기 … 42
　같이 해보아요! … 42
　도전!!! … 44

PART 01 정답 페이지 … 46

PART 02 카드 코딩 응용 활용

미션 도전! 01 아빠의 한걸음과 나의 한걸음? … 50
미션 도전! 02 기차여행 떠나는 터틀 로봇 … 52
미션 도전! 03 샌드위치를 만들어 볼까? … 54
미션 도전! 04 비행기 타고 여행을 떠나요 … 56
미션 도전! 05 전통춤을 관람해요 … 58
미션 도전! 06 가장 빠른 길은 어디일까? … 60

PART 02 정답 페이지 … 62

◆SPECIAL PAGE◆ 카멜레온 악기 모드 … 66
◆SPECIAL PAGE◆ 리듬 댄스 모드 … 68

부록 활동지

터틀 로봇이란 무엇일까요?!

터틀 로봇은 이렇게 생겼습니다!

95mm / 50mm / 76mm / 95mm
전체 무게 100g

컬러 센서
스피커
전원 스위치
바퀴
볼 캐스터

볼 캐스터
터틀 로봇이 왼쪽, 오른쪽으로 움직일 수 있도록 도와줍니다.

컬러 센서
터틀 로봇 머리 아래쪽의 센서를 통해 '빨강, 파랑, 노랑, 초록, 보라' 등의 색상을 감지할 수 있고 이를 활용한 활동을 할 수 있습니다.

전원 스위치
스위치를 오른쪽으로 밀면 켜지고, 왼쪽으로 밀면 꺼집니다.

바퀴
두 개의 바퀴를 이용하여 앞뒤로 움직일 수 있습니다.

스피커
스피커가 있어 박자에 따른 소리, 음표 소리를 낼 수 있습니다.

풀 컬러 LED → ← 등 버튼

풀 컬러 LED
터틀 로봇 머리에는 여러 가지 색깔의 빛을 낼 수 있는 LED가 있어 색깔만으로 각 모드로의 진입을 확인할 수 있습니다.

등 버튼
터틀 로봇의 등을 '딸깍' 소리가 나게 눌러서 각 모드로 진입하거나 작동을 시작합니다.

블루투스 연결 표시등 (파란색) / Micro USB 충전 단자 / 충전 표시등 (빨간색)

충전 표시등
배터리가 거의 남아 있지 않은 경우 충전 표시등이 빨간색으로 깜빡입니다. 충전 중일 경우에는 빨간색으로 켜지고, 충전이 완료되면 표시등이 꺼집니다(충전 90분, 연속 동작 90분, 대기 최대시간 12시간).

Micro USB 충전 단자
Micro USB 케이블을 이용하여 컴퓨터로 충전하거나 스마트폰용 충전기를 사용하여 충전할 수도 있습니다.

블루투스 연결 표시등
블루투스가 연결되면 파란색으로 깜빡입니다. 천천히 깜빡이면 아직 연결이 안 된 것이고, 빠르게 깜빡이면 연결된 것입니다.

터틀로봇 tip
'터틀 로봇'과 전용 액세서리(색깔 사인펜, 24종 카드 등)는 로보메이션 몰에서 구입할 수 있습니다(http://robomation-shop.co.kr/).

동글

터틀 로봇과 컴퓨터를 연결해주는 블루투스 장치입니다. 엔트리로 터틀 로봇을 움직이려면 동글을 컴퓨터에 연결해야 합니다.

터틀 로봇이란 무엇일까요?!

컬러 센서 보정이란?

터틀 로봇은 머리 아래쪽에 있는 컬러 센서를 통해 색깔을 인식하는데 주위 환경에 따라 약간의 오차가 발생하여 오류가 생길 수 있습니다. 이럴 경우에는 컬러 센서를 보정함으로써 문제를 해결할 수 있습니다. 터틀 로봇을 사용할 때마다 컬러 센서를 보정할 필요는 없고 색깔 인식 시 오류가 발생하는 경우에만 보정합니다.

1

터틀 로봇의 전원 스위치를 오른쪽으로 하여 ON 위치에 가도록 합니다.

2

머리 LED가 무지개 색으로 변하면서 삑! 소리가 납니다

> **터틀 로봇의 모든 모드는 전원이 꺼진 상태에서 시작합니다**
> 컬러 센서 보정 모드를 종료하고 다른 모드(카드 코딩, 라인 코딩 등)로 들어가기 위해서는 <u>전원을 끈 후</u> 다시 전원 스위치와 등 버튼을 조작하여 다른 모드로 들어가면 됩니다.

3

터틀 로봇을 하얀색 종이 위에 올려놓습니다.

4

터틀 로봇의 등을 두 번 눌러 줍니다. 머리 LED가 빠르게 깜빡이다가 삑 소리가 나면 컬러 센서 보정이 완료됩니다.

PART

01

카드 코딩

◆ 색깔 카드 입력하는 방법
◆ 함수 카드 입력하는 방법
◆ 함수 카드 명령을 불러오는 방법

활동 01 : 앞으로 이동하기
활동 02 : 오른쪽으로 이동하기
활동 03 : 왼쪽으로 이동하기
활동 04 : 뒤로 이동하기

PART 01 카드 코딩

카드 코딩 모드로 들어가는 방법

터틀 로봇은 색깔 카드를 읽고 앞, 뒤, 오른쪽, 왼쪽으로 움직일 수 있어요. 터틀 로봇이 카드의 명령에 따라 움직이게 하려면 카드 코딩 모드로 들어가야 해요. 그럼 카드 코딩 모드로 들어가는 방법을 알아보아요.

▲ 터틀 로봇의 전원 스위치를 오른쪽으로 하여 ON 위치에 가도록 합니다.

▼ 등 버튼을 3초 이상 길게 누르면(빨간색으로 변할 때까지) 삐리리~삐리리~삐리리~소리가 나면서 머리 LED가 하얀색으로 켜집니다.

컬러 센서

◀ 터틀 로봇 아래의 컬러 센서가 색깔 카드를 인식하여 명령에 따라 움직일 수 있게 해줍니다.

코딩이란?

주어진 명령을 컴퓨터가 이해할 수 있는 언어로 입력하는 것을 말합니다. 터틀 로봇은 카드의 색마다 지니고 있는 명령을 이해하고 움직이는 원리를 가지고 있습니다.

이제 터틀 로봇이 카드 코딩 모드로 준비되었어요. 그럼 색깔 카드를 입력해 볼까요? 색깔 카드의 종류는 5가지입니다(기본 카드 종류는 5장, 로보메이션(http://robomation-shop.co.kr)에서 추가 구입 가능한 카드는 24장입니다).

▲ 앞으로 이동하기

▲ 뒤로 이동하기

▲ 왼쪽으로 돌기

▲ 오른쪽으로 돌기

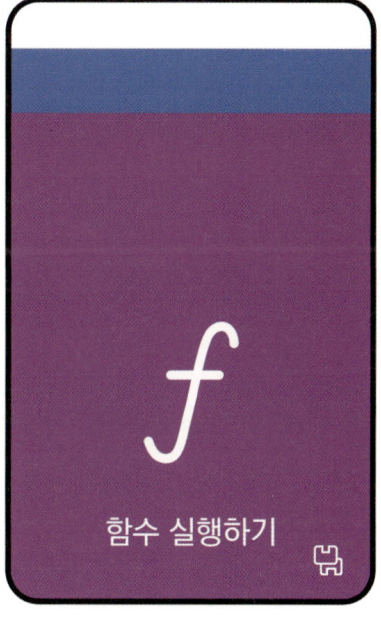
▲ 함수 실행하기

PART 01 :: 카드 코딩 • 019

색깔 카드 입력하는 방법

1 색깔 카드를 색상 띠 방향으로 터틀 로봇 머리 아래쪽으로 밀어 넣어 입력합니다. 이때 터틀 로봇을 반드시 바닥에 놓은 상태에서 머리 아래쪽으로 카드를 밀어 넣으세요!

잠깐! 카드 방향에 유의해서 밀어 넣어주세요.

2 터틀 로봇이 색깔 카드를 인식하면 삐! 소리와 함께 입력한 카드와 동일한 색의 조명이 켜집니다.

3 색깔 카드를 입력한 후 터틀 로봇의 등 버튼을 짧게 한 번 눌러주면 입력된 명령이 실행됩니다.

> **터틀로봇 tip**
> 색깔 카드 입력은 최대 32번까지 가능합니다.

4 움직이는 터틀 로봇을 중간에 멈추고 싶으면 등 버튼을 한 번 꾹! 눌러주세요. 그러면 동작을 멈추고 입력 대기 상태(머리 LED가 흰색)로 돌아갑니다.

5 터틀 로봇에 입력한 색깔 카드 내용을 모두 지우고 싶으면 등 버튼을 3초 이상 눌러주세요. 머리 LED가 빨간색으로 켜지고 치-치-치 소리가 나면 입력된 모든 내용이 지워집니다.

PART 01 :: 카드 코딩 · **021**

입력된 명령을 지우지 않고 색깔 카드를 추가로 입력하면 이전 명령에 새로운 명령이 코딩됩니다.

함수 카드 입력하는 방법

카드 코딩 모드로 진입하는 방법까지는 동일합니다. 터틀 로봇의 전원을 켠 후 등 버튼을 3초 이상 길게 눌러 머리 LED가 하얀색으로 변한다면 함수 카드를 입력합니다.

1 등 버튼을 두 번 연속해서 누릅니다.

2 삐~삐 소리와 함께 머리 LED가 어두운 흰색으로 켜지면서 함수 카드 입력 대기 상태가 됩니다.

3 한 장의 함수 카드에 저장하고 싶은 색깔 카드를 입력합니다.
예) {왼쪽-뒤로-앞으로}

> { } 함수 카드에 16회까지 카드를 입력할 수 있습니다. 17회 입력되면 사이렌 소리와 빨간색 조명으로 경고합니다.

4 함수 코드 입력이 완료되면 터틀 로봇의 등 버튼을 한 번 눌러주세요. 머리 LED가 밝아지면서 입력된 코드(예, 왼쪽-뒤로-앞으로)를 저장합니다.

함수 카드 명령을 불러오는 방법

1 앞선 따라하기에 이어서 함수 실행하기 카드를 입력하면 저장된 함수 코드를 불러옵니다.

*함수 부르기 카드의 입력 횟수 예
1회 : {왼쪽-뒤로-앞으로}
2회 : {왼쪽-뒤로-앞으로}
    {왼쪽-뒤로-앞으로}
3회 : {왼쪽-뒤로-앞으로}
    {왼쪽-뒤로-앞으로}
    {왼쪽-뒤로-앞으로}

2 등 버튼을 한 번 누르면 터틀 로봇이 함수 카드로 입력된 명령을 실행합니다.

활동 01 앞으로 이동하기

터틀 로봇을 그림과 같이 기본 매트의 칸 가운데 위치시키면 카드 입력 1회당 한 칸을 이동합니다.

준비물 : 기본 매트, 목표물(별)

- 터틀 로봇은 색깔 카드 입력 1회당 약 12cm 이동합니다.
- 부록의 기본 매트를 준비해 주세요. 기본 매트의 한 칸은 12cm×12cm입니다.
- 이 활동을 통해 터틀 로봇을 앞으로 움직이는 방법을 익힐 수 있어요.

같이 해보아요!

1 터틀 로봇과 목표물(별)을 기본 매트 위에 그림과 같이 올려놓아요. 터틀 로봇이 있는 곳에서 별이 있는 곳까지 두 칸 앞으로 가야 해요.

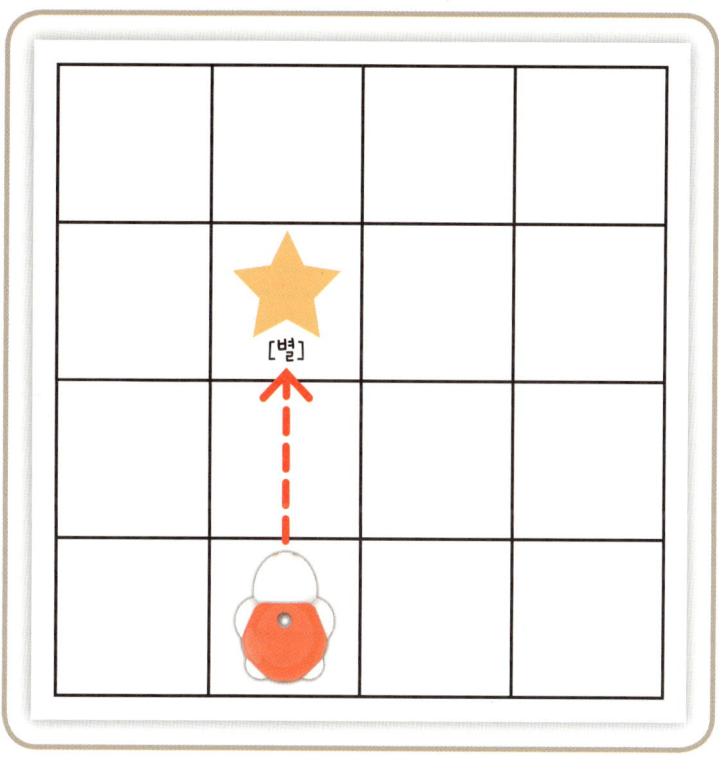

2 카드 코딩 방법을 이용하여 앞으로 이동하기 카드를 두 번 입력해 주세요.

3 등 버튼을 한 번 눌러주세요. 터틀 로봇이 앞으로 두 칸 이동하여 별에 도착합니다.

도전!!!

터틀 로봇이 쿠키를 찾으러 가요.

● 기본 매트와 부록의 목표물(쿠키)을 이용하여 활동을 준비하세요.

1. 쿠키가 있는 곳까지 어떤 길로 가면 좋을까요?

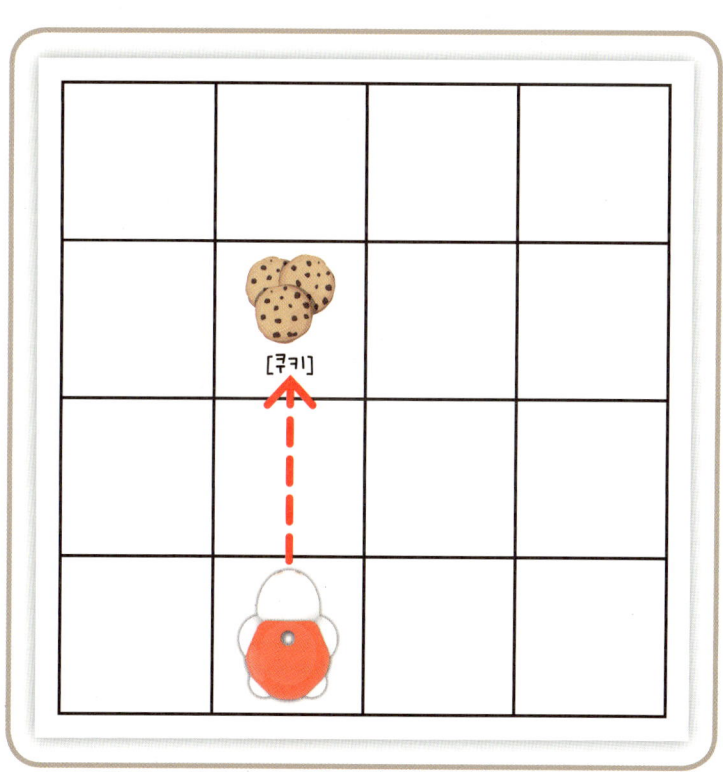

PART 01 :: 카드 코딩

2 선을 따라 터틀 로봇이 쿠키가 있는 곳 까지 오려면 어떤 색깔 카드를 몇 번 사용해야 할까요? 앞으로 두 칸을 가야 해요. **이에 맞게 방향 스티커를 붙여보세요.**

방향 스티커는 '부록'으로 수록되어 있습니다.

3 내가 계획한 방향 스티커의 순서에 따라 카드 코딩으로 터틀 로봇을 직접 움직여 보세요.

터틀 로봇이 목표 지점에 갈 수 있도록 색깔 카드를 사용하여 움직여 보세요.

카드 코딩 후 터틀 로봇을 작동시키려면 반드시 등 버튼을 눌러야 해요.

색깔 카드 코딩에 관한 정답은 46p에서 확인할 수 있습니다.

활동 02 오른쪽으로 이동하기

터틀 로봇을 기본 매트의 칸 가운데 위치시키면 카드 입력 1회당 한 칸을 이동합니다.
준비물 : 기본 매트, 목표물(별)

- 터틀 로봇은 색깔 카드 입력 1회당 약 12cm 이동합니다.
- 부록의 기본 매트를 준비해 주세요. 기본 매트의 한 칸은 12cm×12cm입니다.
- 이 활동을 통해 앞으로 이동하여 오른쪽 방향으로 가는 방법을 익힐 수 있어요.

같이 해보아요!

1. 터틀 로봇과 목표물(별)을 기본 매트 위에 그림과 같이 올려놓아요. 터틀 로봇이 있는 곳에서 별이 있는 곳까지 앞으로 두 칸, 그리고 오른쪽으로 한 번 돌고, 다시 앞으로 한 칸 가야 해요.

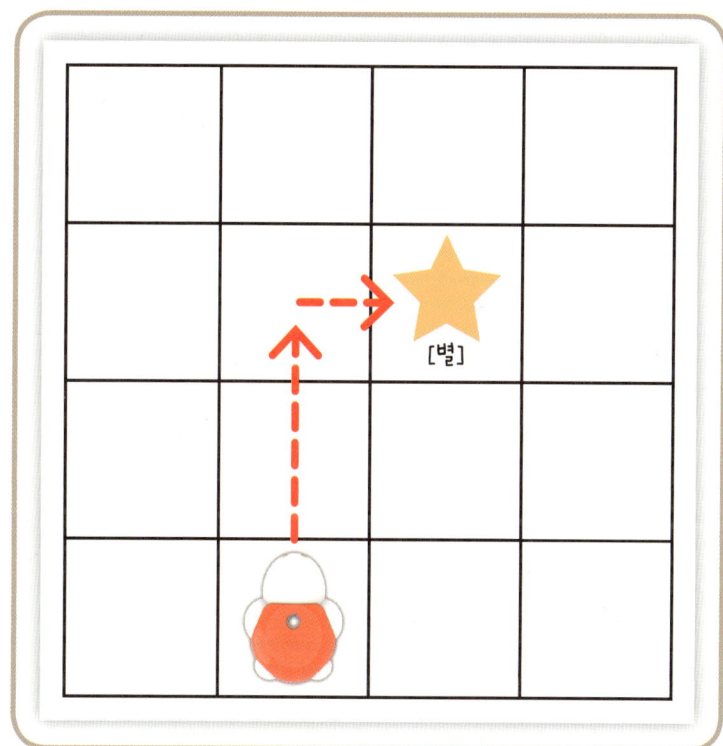

PART 01 :: 카드 코딩 • 029

2 1번 칸 까지 이동하려면 두 칸 앞으로 가야 해요.

→ 앞으로 이동하기 카드
(두 번 입력)

3 1번 칸까지 도착한 후 별이 있는 방향으로 가려면 터틀 로봇의 몸을 오른쪽으로 돌려주어야 해요.

→ 오른쪽으로 돌기 카드
(한 번 입력)

4 오른쪽으로 몸을 돌려 별을 바라보는 터틀 로봇이 별까지 가려면 한 칸 앞으로 가야 해요.
→ 앞으로 이동하기 카드
(한 번 입력)

5 계획한 색깔 카드를 순서대로 입력해 주세요.
 두 번- 한 번- 한 번

    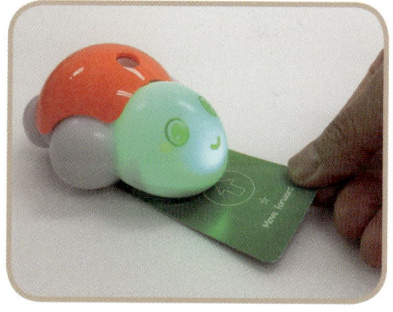

▲ 두 번 입력　　　　▲ 한 번 입력　　　　▲ 한 번 입력

6 색깔 카드를 모두 입력했으면, 등 버튼을 한 번 눌러주세요. 터틀 로봇이 앞으로 두 칸, 오른쪽으로 한 번 돌고, 앞으로 한 칸 이동하여 별에 도착합니다.

도전!!!

터틀 로봇이 펭귄을 만나러가요.

● 기본 매트와 부록의 목표물(펭귄)을 이용하여 활동을 준비하세요.

1. 펭귄이 있는 곳까지 어떤 길로 가면 좋을까요?

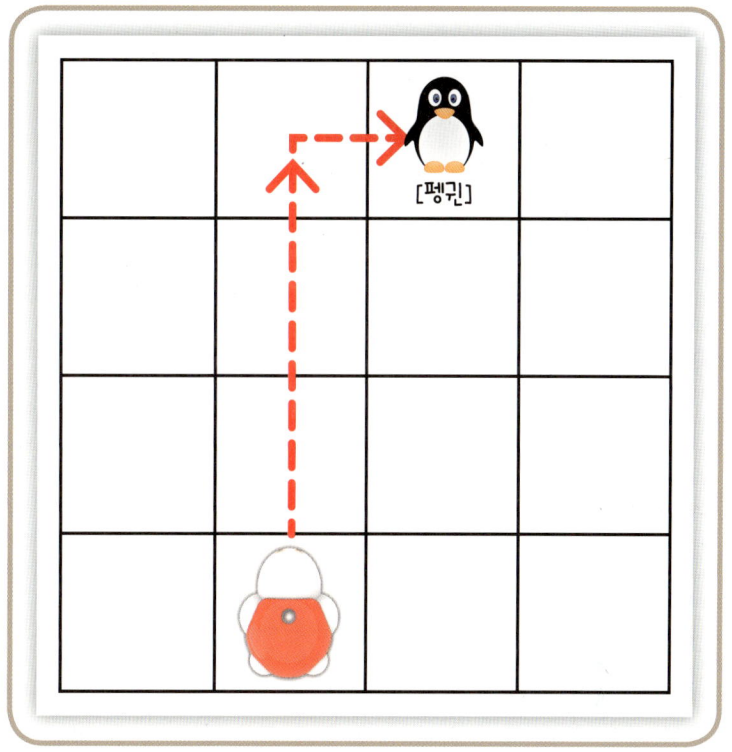

2. 선을 따라 터틀 로봇이 ①번 칸 까지 오려면 어떤 색깔 카드를 몇 번 사용해야 할까요? 앞으로 세 칸을 가야 해요.

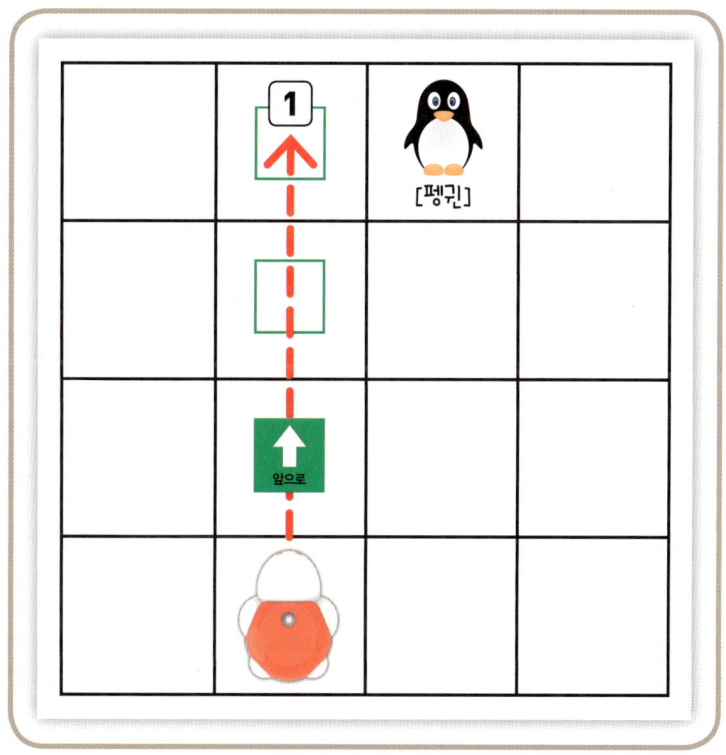

③ 터틀 로봇이 앞을 보고 있는 ①번 칸에서 방향을 돌려 펭귄을 바라보기 위해서는 어떤 색깔 카드를 사용해야 할까요? 터틀 로봇이 오른쪽으로 돌아야 해요.

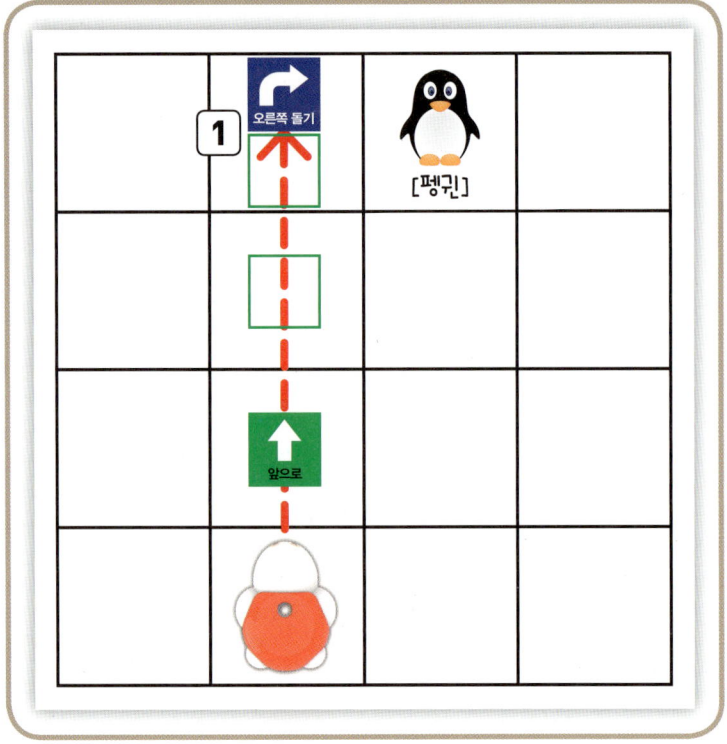

④ ①번 칸에서 펭귄을 바라보고 있는 터틀 로봇이 펭귄에 도착하려면 어떤 색깔 카드를 사용해야 할까요? 터틀 로봇이 앞으로 한 칸 가야 해요. **이에 맞게 방향 스티커를 붙여 보세요.**

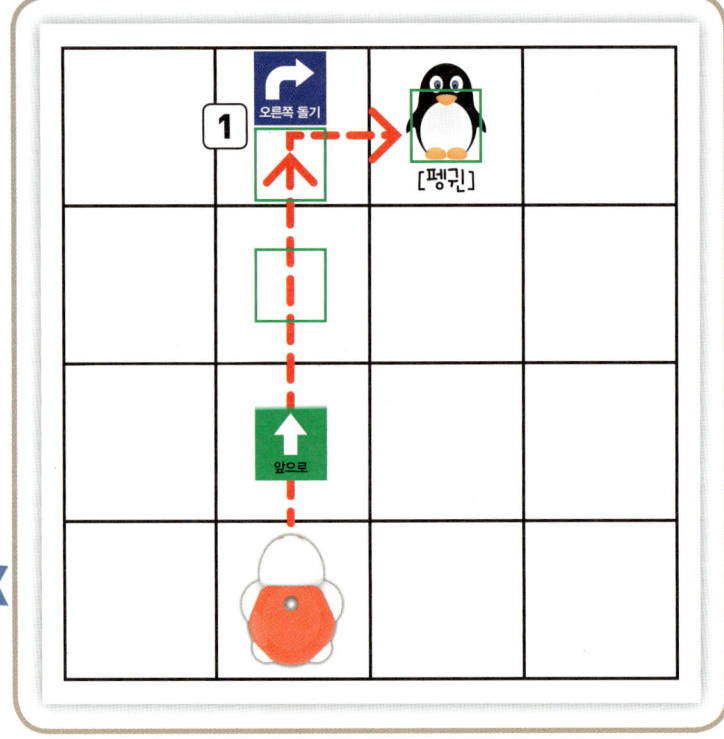

터틀로봇 tip

방향 스티커는 '부록'으로 수록되어 있습니다.

5 내가 계획한 방향 스티커의 순서에 따라 카드 코딩으로 터틀 로봇을 직접 움직여 보세요.

터틀 로봇이 목표 지점에 갈 수 있도록 색깔 카드를 사용하여 움직여 보세요.

 카드 코딩 후 터틀 로봇을 작동시키려면 반드시 등 버튼을 눌러야 해요.

 색깔 카드 코딩에 관한 정답은 46p에서 확인할 수 있습니다.

부모를 위한 도움말 : 오른쪽, 왼쪽 방향 개념

만 5세가 되면 방향에 대한 개념이 발달하게 되어 오른쪽, 왼쪽 개념을 알 수 있게 되어요. 하지만, 다른 사람의 기준에서 오른쪽, 왼쪽을 구분하는 것은 서툴 수 있기 때문에 방향에 대해 말을 할 때는 아이의 기준에서 이야기해주는 것이 좋습니다. 아이가 오른쪽, 왼쪽의 개념을 놀이를 통해서 자연스럽게 익힐 수 있도록 도와주세요.

★ 아이와 함께 할 수 있는 게임
〈오른쪽 왼쪽 참참참〉

– 놀이 규칙 : 엄마가 말한 방향과 반대 방향으로 고개를 돌리는 놀이랍니다.

1. 엄마가 아이에게 방향을 말해주세요.
2. 엄마가 손으로 '참참참'을 말하면서 오른쪽이나 왼쪽을 외칩니다.
3. 엄마가 '참참참 오른쪽'이라고 하며, 이때 아이는 엄마가 말한 반대 방향으로 고개를 돌리면 성공입니다.

활동 03 왼쪽으로 이동하기

터틀 로봇을 기본 매트의 칸 가운데 위치시키면 카드 입력 1회당 한 칸을 이동합니다.
준비물 : 기본 매트, 목표물(별)

- 터틀 로봇은 색깔 카드 입력 1회당 약 12cm 이동합니다.
- 부록의 기본 매트를 준비해 주세요. 기본 매트의 한 칸은 12cm×12cm입니다.
- 이 활동을 통해 터틀 로봇이 앞으로 이동하여 왼쪽 방향으로 가는 방법을 익힐 수 있어요.

같이 해보아요!

1 터틀 로봇과 목표물(별)을 기본 매트 위에 그림과 같이 올려놓아요. 터틀 로봇이 있는 곳에서 별이 있는 곳까지 앞으로 두 칸, 그리고 왼쪽으로 한 번 돌고, 다시 앞으로 한 칸 가야 해요.

2 ①번 칸까지 이동하려면 두 칸 앞으로 가야 해요.

→ 앞으로 이동하기 카드 (두 번 입력)

 3 ①번 칸까지 도착한 후 별이 있는 방향으로 가려면 터틀 로봇의 몸을 왼쪽으로 돌려주어야 해요.

→ 왼쪽으로 돌기 카드 (한 번 입력)

4 왼쪽으로 몸을 돌려 별을 바라보는 터틀 로봇이 별까지 가려면 한 칸 앞으로 가야 해요.

→ 앞으로 이동하기 카드
(한 번 입력)

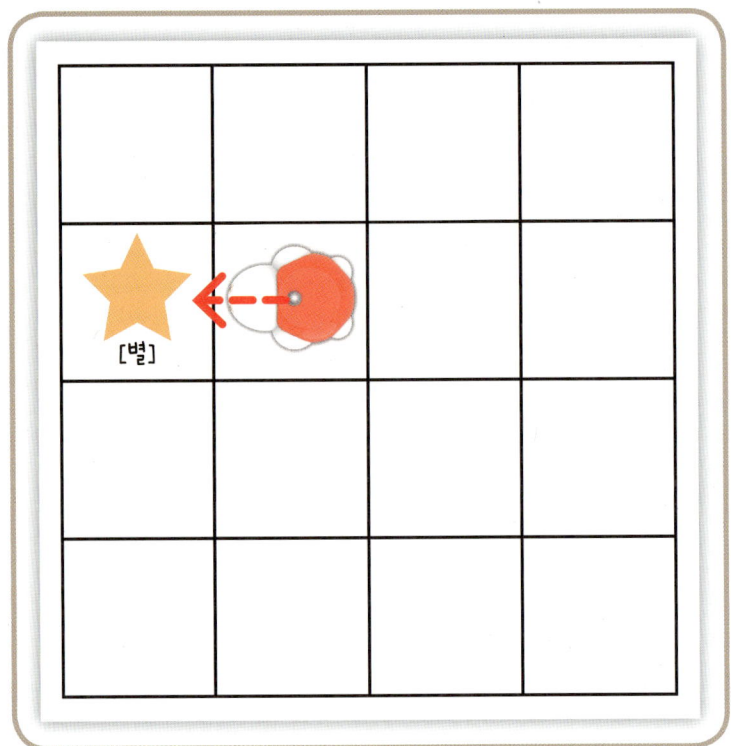

5 다섯 번까지 계획한 색깔 카드를 순서대로 입력해 주세요.

 두 번- 한 번- 한 번

▲ 두 번 입력

▲ 한 번 입력

▲ 한 번 입력

6 색깔 카드를 모두 입력했으면, 등 버튼을 한 번 눌러주세요. 터틀 로봇이 앞으로 두 칸, 왼쪽으로 한 번 돌고, 앞으로 한 칸 이동하여 별에 도착합니다.

도전!!!

터틀 로봇이 당근을 먹으러 가요.

● 기본 매트와 부록의 목표물(당근)을 이용하여 활동을 준비하세요.

1 당근이 있는 곳까지 어떤 길로 가면 좋을까요?

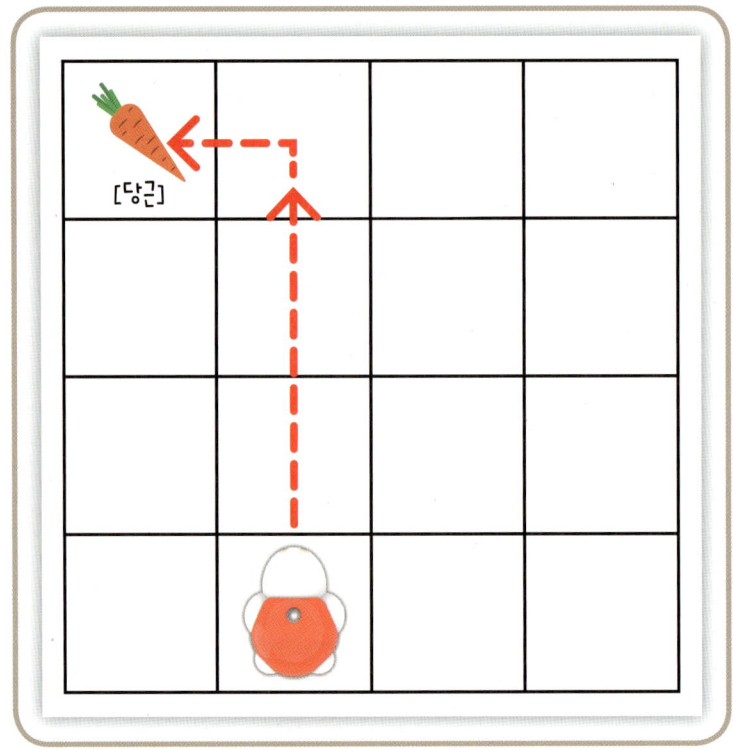

2 선을 따라 터틀 로봇이 1번 칸 까지 오려면 어떤 색깔 카드를 몇 번 사용해야 할까요? 앞으로 세 칸을 가야 해요.

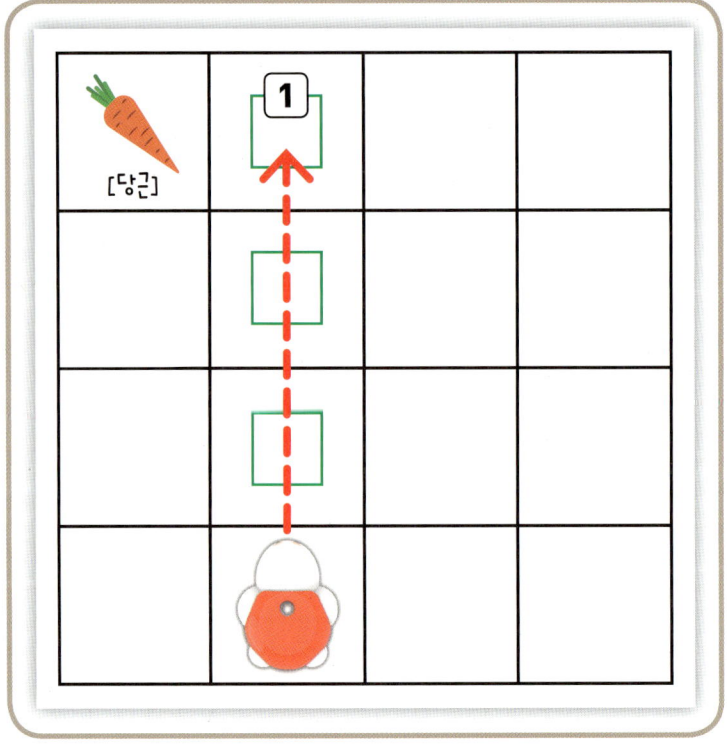

3 터틀 로봇이 앞을 보고 있는 ①번 칸에서 방향을 돌려 당근을 바라보기 위해서는 어떤 색깔 카드를 사용해야 할까요?

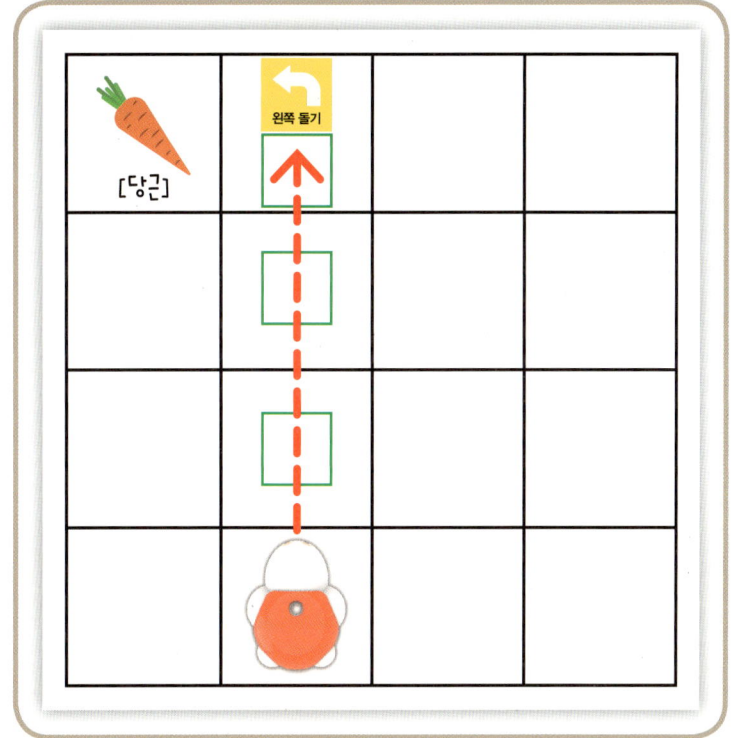

4 1번 칸에서 당근을 바라보고 있는 터틀 로봇이 당근에 도착하려면 어떤 색깔 카드를 사용해야 할까요? 터틀 로봇이 앞으로 한 칸 가야 해요. **이에 맞게 방향 스티커를 붙여보세요.**

5 내가 계획한 방향 스티커의 순서에 따라 카드 코딩으로 터틀 로봇을 직접 움직여 보세요.

터틀 로봇이 목표 지점에 갈 수 있도록 색깔 카드를 사용하여 움직여 보세요.

<u>잠깐! 카드 코딩 후 터틀 로봇을 작동시키려면 반드시 등 버튼을 눌러야 해요.</u>

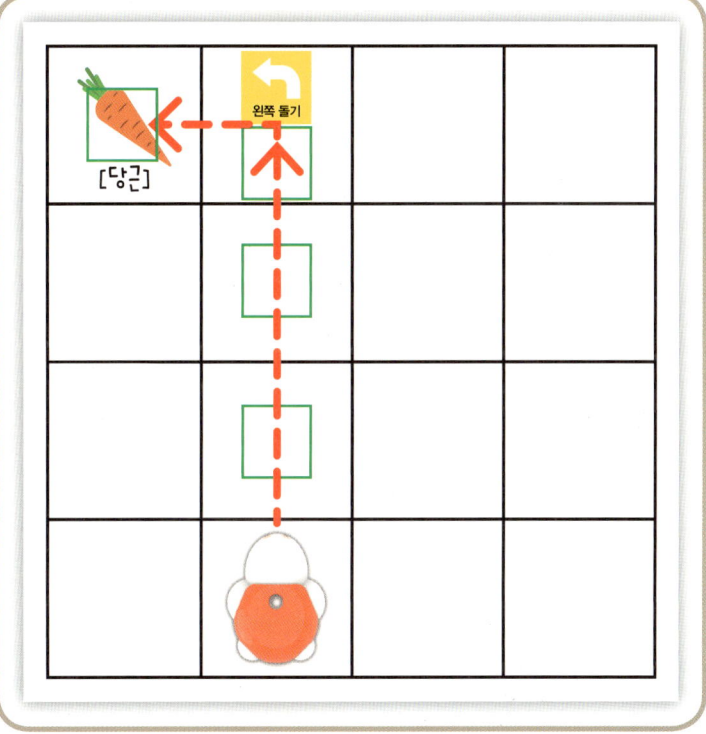

터틀로봇 tip
방향 스티커는 '부록'으로 수록되어 있습니다.

활동 04 뒤로 이동하기

터틀 로봇을 기본 매트의 칸 가운데 위치시키면 카드 입력 1회당 한 칸을 이동합니다.
준비물 : 기본 매트, 목표물(별)

- 터틀 로봇은 색깔 카드 입력 1회당 약 12cm 이동합니다.
- 부록의 기본 매트를 준비해 주세요. 기본 매트의 한 칸은 12cm×12cm입니다.
- 이 활동을 통해 터틀 로봇을 뒤로 움직일 수 있는 기능을 익힐 수 있어요.

같이 해보아요!

1. 터틀 로봇과 목표물을 기본 매트 위에 그림과 같이 올려놓아요. 터틀 로봇이 있는 곳에서 별이 있는 곳까지 두 칸 뒤로 가야 해요.

터틀 로봇을 꼭 위의 그림과 같이 배치해 주세요.

2 카드 코딩 방법을 이용하여 뒤로 이동하기 카드를 두 번 입력해 주세요.

3 등 버튼을 한 번 눌러주세요. 터틀 로봇이 뒤로 두 칸 이동하여 별에 도착합니다.

도전!!!

터틀 로봇이 도서관에 가요.

● 기본 매트와 부록의 목표물(도서관)을 이용하여 활동을 준비해요.

① 도서관이 있는 곳까지 어떤 길로 가면 좋을까요?

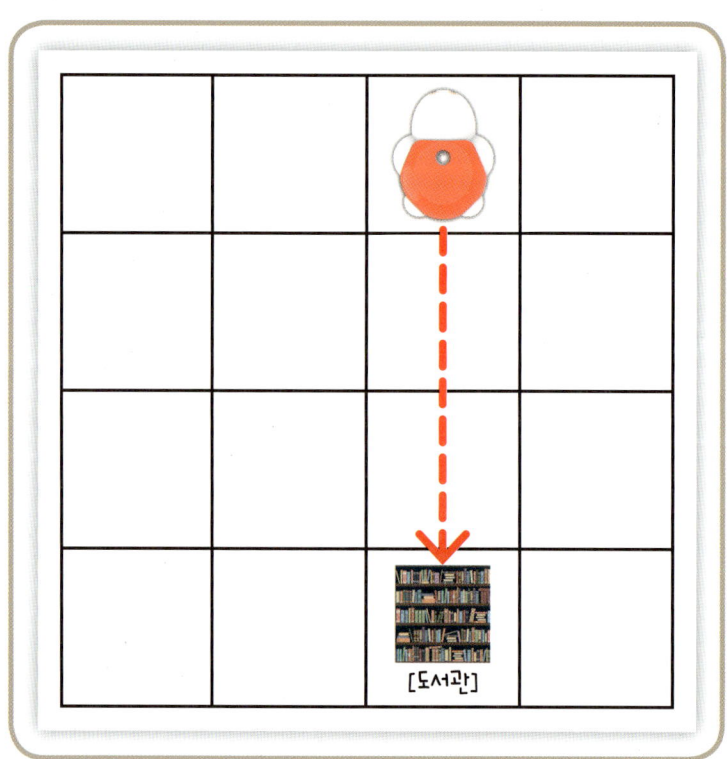

2 선을 따라 터틀 로봇이 도서관이 있는 곳 까지 오려면 어떤 색깔 카드를 몇 번 사용해야 할까요? 뒤로 세 칸을 가야 해요. **이에 맞게 방향 스티커를 붙여보세요.**

> 터틀로봇 tip
> 방향 스티커는 '부록'으로 수록되어 있습니다.

3 내가 계획한 방향 스티커의 순서에 따라 카드 코딩으로 터틀 로봇을 직접 움직여 보세요.

터틀 로봇이 목표 지점에 갈 수 있도록 색깔 카드를 사용하여 움직여 보세요.

 카드 코딩 후 터틀 로봇을 작동시키려면 반드시 등 버튼을 눌러야 해요.

 색깔 카드 코딩에 관한 정답은 46p에서 확인할 수 있습니다.

정답 페이지

활동 01 정답

활동 02 정답

활동 03 정답

활동 04 정답

PART 01 :: 카드 코딩 • 047

PART 02

카드 코딩 응용 활동

미션 도전! 01 아빠의 한걸음과 나의 한걸음?
미션 도전! 02 기차여행 떠나는 터틀 로봇
미션 도전! 03 샌드위치를 만들어 볼까?
미션 도전! 04 비행기 타고 여행을 떠나요
미션 도전! 05 전통춤을 관람해요
미션 도전! 06 가장 빠른 길은 어디일까?

Special page 카멜레온 악기 모드
Special page 리듬 댄스 모드

PART 02 카드 코딩 응용 활동

※ 카드 코딩 모드로 진입하는 방법은 18p 내용을 참고하세요.

01 아빠의 한걸음과 나의 한걸음?

키가 큰 아빠가 한걸음 가시면 나는 총총 따라가야 해요. 아빠와 나의 한걸음은 얼마나 차이가 날까요? 아빠와 나의 한걸음을 터틀 로봇으로 비교해 보아요.

> **놀이목표** | 아빠의 걸음과 나의 걸음을 측정하고 터틀 로봇의 움직임 횟수를 비교한다.
> **난 이 도** | ★☆☆
> **준 비 물** | 터틀 로봇, 색깔 카드, 전지 혹은 큰 종이, 펜

> **미션 팁**
> 생활 속에서 경험할 수 있는 수학적 상황은 매우 다양합니다. 키가 다른 가족과 친구의 한걸음은 '측정하기'를 경험할 수 있는 순간입니다. 자, 저울과 같은 측정 단위를 사용하기 전 임의 측정 단위를 활용한 측정하기는 유아기부터 가능합니다. 임의 측정 단위는 줄과 신문지, 방석과 같은 것을 측정 도구로 활용하는 것입니다. 터틀 로봇이 한 번 움직이는 거리를 비교할 수 있는 기준이 되므로 임의 측정 단위가 될 수 있겠죠?
> 터틀 로봇 외에 연필과 줄로도 재어 볼까요?

활동 tip!

❶ 큰 종이 출발점에서 한걸음 걸어서 도착한 위치에 사인펜으로 표시해요. 큰 종이에 표시된 아빠와 나의 한걸음은 터틀 로봇이 앞으로 몇 번 움직인 거리와 같을지 예측해 보세요.

터틀 로봇이 몇 번 정도 앞으로 갈까요?	
아빠의 한걸음	( )번
나의 한걸음	( )번

❷ 터틀 로봇을 색깔 카드를 활용해 얼마나 움직였는지 측정해 보세요.

실제로 터틀 로봇이 몇 번 움직였나요?	
아빠의 한걸음	( )번
나의 한걸음	( )번

아빠의 한걸음은? 나의 한걸음은?

전지 위에 아빠, 그리고 나의 한걸음을 모두 표시했나요?

★ 아빠의 한걸음을 어림짐작하여 보았을 때 터틀 로봇이 몇 번 움직여야 할 것 같나요?
(   )번

★ 나의 한걸음을 어림짐작하여 보았을 때 터틀 로봇이 몇 번 움직여야 할 것 같나요?
(   )번

초록색(앞으로) 색깔 카드를 내가 생각한 횟수만큼 입력하고 실행해 보세요.

터틀 로봇이 아빠의 한걸음, 나의 한걸음 만큼 딱 맞게 움직였나요?

★ 아빠의 한걸음은 터틀 로봇으로 몇 번 만큼과 같나요?
아빠의 한걸음 = 터틀 로봇 (   )번

★ 나의 한걸음은 터틀 로봇으로 몇 번 만큼과 같나요?
나의 한걸음 = 터틀 로봇 (   )번

02 기차여행 떠나는 터틀 로봇

터틀 로봇이 기차를 타고 할머니 집으로 가려고 해요. 기차표 파는 곳에서 표를 구입하여 매점에 들렸다 기차타는 곳으로 가세요.

놀이목표 | 제시된 순서대로 이동할 수 있도록 방향을 계획할 수 있다.
난 이 도 | ★★☆
준 비 물 | 터틀 로봇, 기본 매트, 색깔 카드, 부록의 목표물 카드(기차, 매점, 벤치, 매표소)

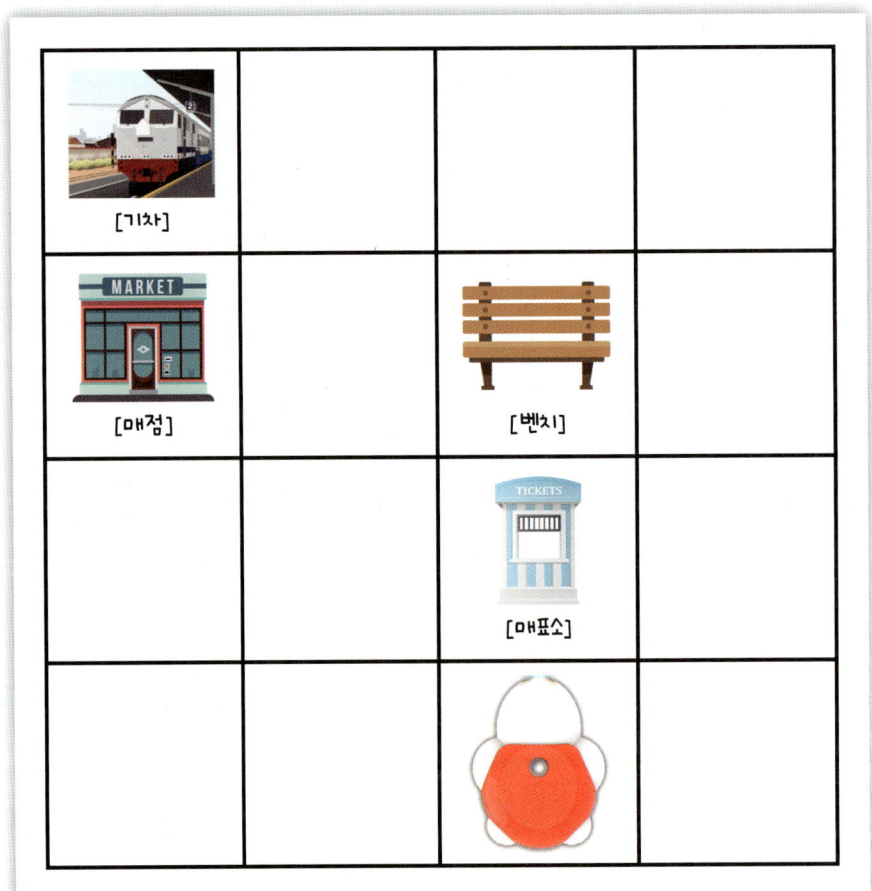

> **활동 tip!**

❶ 터틀 로봇이 표사는 곳(매표소)까지 앞으로 갈 수 있도록 색깔 카드를 선택하세요.

❷ 표사는 곳(매표소)에서 왼쪽으로 갈 수 있도록 색깔 카드를 선택하세요.

❸ 매점까지 앞으로 갈 수 있도록 색깔 카드를 선택하세요.

❹ 아래의 그림에 부록 활동지의 방향 스티커를 붙여보고, 기본 매트와 터틀 로봇을 이용하여 카드 코딩을 해보세요.

03 샌드위치를 만들어 볼까?

오늘은 가족들을 위해 터틀 로봇이 샌드위치 만들기를 시도하려고 해요. 먼저 깨끗하게 손을 씻고 재료를 챙겨서 샌드위치를 만들어 보아요.

놀이목표 | 제시된 순서에 따라 이동하는 방향에 알맞은 색깔 카드를 코딩하여 움직인다.
난 이 도 | ★★☆
준 비 물 | 터틀 로봇, 기본 매트, 색깔 카드, 부록의 목표물 카드(고추, 생선, 샌드위치, 수건, 아이스크림, 세면대, 식빵, 딸기잼, 치즈, 양상추, 햄)

활동 tip!

❶ 터틀 로봇이 어떤 경로로 움직여야 할지 생각하며 색깔 카드를 준비하세요.

❷ 터틀 로봇이 뒤로 갈 수 있도록 색깔 카드를 선택하세요.

잠깐! 오른쪽이나 왼쪽 카드를 두 번 입력한 후 앞으로 가는 방법도 있어요.

❸ 세면대에서 손을 씻고, 터틀 로봇을 오른쪽으로 돌려서 차례로 샌드위치 재료를 가지러 가요.

❹ 아래의 그림에 부록 활동지의 방향 스티커를 붙여보고, 기본 매트와 터틀 로봇을 이용하여 카드 코딩을 해보세요.

미션 팁 여러 가지 재료들을 활용하여 요리를 하는 것도 일상생활 속 컴퓨팅 사고 과정의 하나이죠. 다른 재료와 요리 순서를 생각해 보며 다른 문제를 만들어 볼 수도 있겠죠? 아이가 좋아하는 음식을 만들어 보기 위한 재료와 요리 순서를 함께 이야기 나누고 요리 과정에 대한 새로운 문제를 만들어 보세요.

PART 02 :: 카드 코딩 응용 활동

04 비행기 타고 여행을 떠나요

가족들과 함께 여행을 가요. 이번 여행지는 '판다'하면 떠오르는 나라 중국이예요. 터틀 로봇이 공항에서 비행기를 타고 중국에 도착해 판다를 만나고 오세요. 단! 파란색으로 색칠된 비행기 항로로만 이동하세요.

놀이목표 | 반복되는 패턴을 찾아 코딩할 수 있다.
난 이 도 | ★★☆
준 비 물 | 터틀 로봇, 기본 매트, 색깔 카드, 부록의 목표물 카드(공항, 구름, 중국, 판다)

> **활동 tip!**

❶ 하늘색으로 표시된 비행기 항로로만 가기 위해 어떤 패턴으로 움직이는지 생각해 보세요.

❷ 함수 카드를 활용해서 움직여 보세요(함수 카드 입력 방법은 22p를 참고하세요.).

❸ 아래의 그림에 부록 활동지의 방향 스티커를 붙여보고, 기본 매트와 터틀 로봇을 이용하여 카드 코딩을 해보세요.

> **미션 팁** 방향을 결정하는 색깔 카드를 놓아보면 카드의 색깔 패턴(방향 패턴)을 발견할 수 있습니다(초록-초록-파랑-초록 / 초록-초록-파랑-초록). 초록은 A, 파랑은 B라고 할 때 A-A-B-A/A-A-B-A의 패턴 반복이라고 볼 수 있겠죠. 놀이자의 이해도에 따라 색깔 카드로 패턴 인식을 하거나, 함수 카드를 활용하여 반복 패턴을 묶음화하여 놀이를 할 수 있습니다.

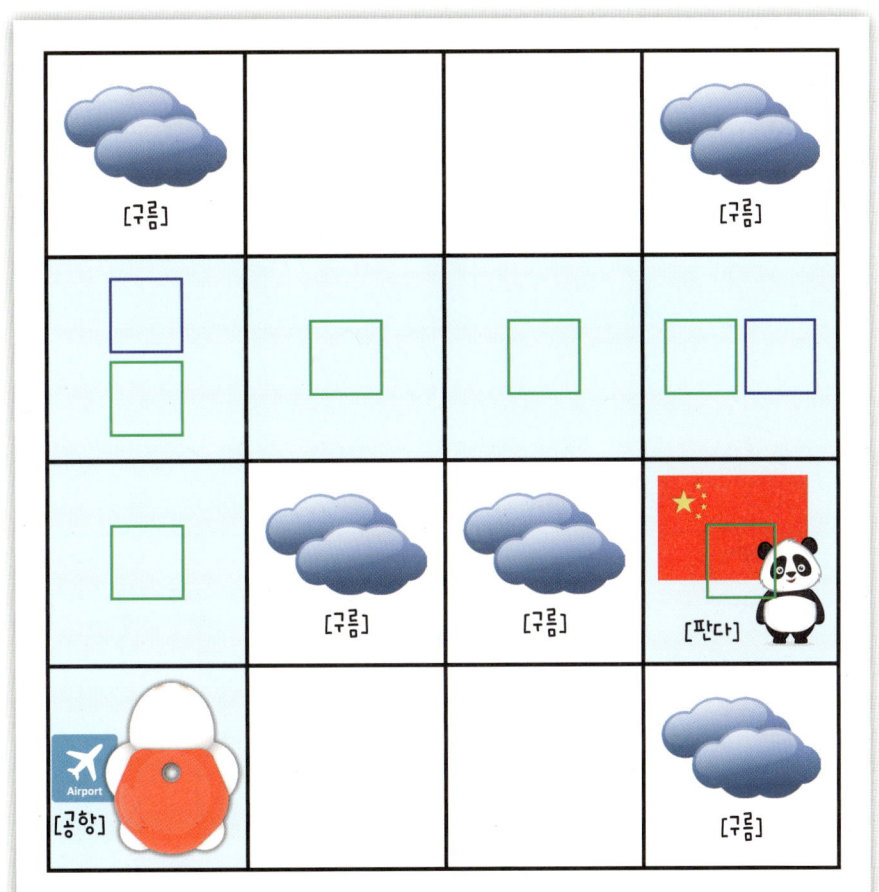

PART 02 :: 카드 코딩 응용 활동 • **057**

05 전통춤을 관람해요

터틀 로봇이 전통춤들을 보러 왔어요. 이번 전통춤 축제에는 부채춤, 탈춤, 사자춤 공연이 열려요. 터틀 로봇이 축제 입구로 들어가 세 가지 전통춤 공연을 모두 보고 출구로 나오세요. 어떤 순서로 공연을 보면 좋을지 계획해 보세요.

놀이목표 | 주어진 미션을 모두 수행할 수 있는 경로를 선택한다.
난 이 도 | ★★★
준 비 물 | 터틀 로봇, 기본 매트, 색깔 카드, 부록의 목표물 카드(입구, 출구, 부채춤, 탈춤, 사자춤)

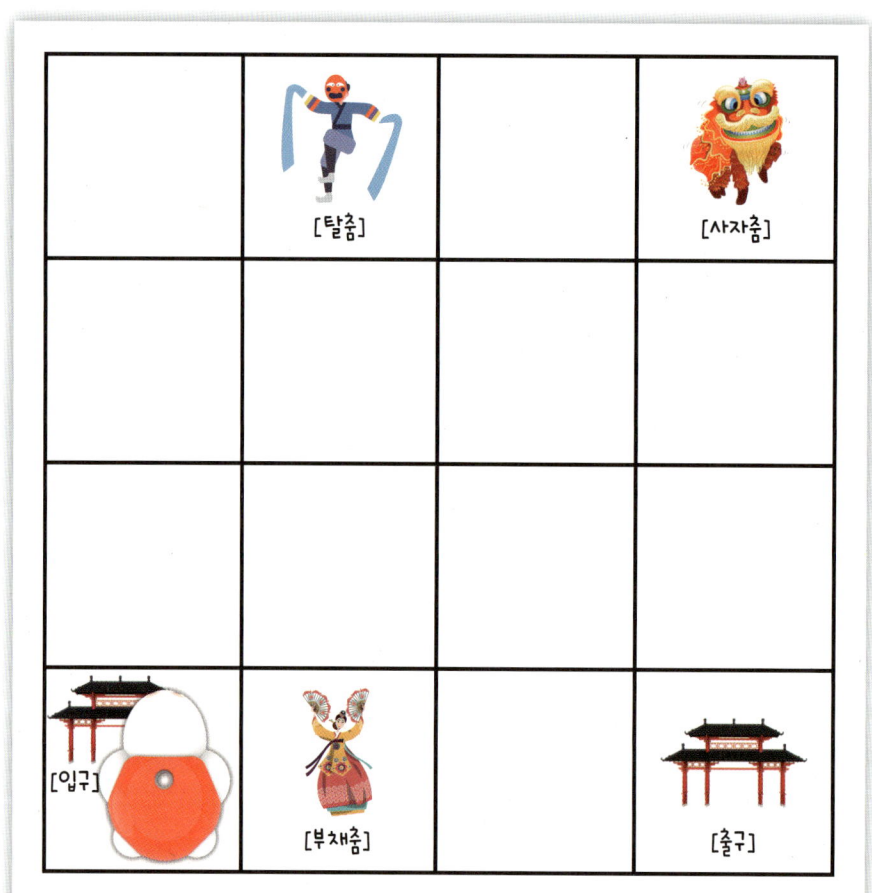

활동 tip!

❶ 어느 춤을 먼저 볼지 경로를 생각해 보세요.

❷ 터틀 로봇이 어떤 경로로 움직여야 할지 생각하며 코딩하세요.

❸ 부채춤을 먼저 보기 위해서는 터틀 로봇을 오른쪽으로 먼저 돌려야 해요.

❹ 다시 왼쪽으로 돌려서 탈춤을 보고 오른쪽 방향에 있는 사자춤을 보러가요.

❺ 아래의 그림에 부록 활동지의 방향 스티커를 붙여보고, 기본 매트와 터틀 로봇을 이용하여 카드 코딩을 해보세요.

06 가장 빠른 길은 어디일까?

터틀 로봇이 학교에 가야 하는데 아침에 늦게 일어나서 지각할 것 같아요. 학교에 빨리 도착하려면 어느 길로 가면 좋을까요? 학교로 가는 여러 가지 길을 찾아보고 가장 빠른 길을 선택해 보세요.

놀이목표 | 터틀 로봇이 갈 수 있는 다양한 경로를 예측하고 가장 빠른 길을 선택할 수 있다.
난 이 도 | ★★★
준 비 물 | 터틀 로봇, 기본 매트, 색깔 카드, 부록의 목표물 카드(학교), 초시계

> 활동 tip!

❶ 터틀 로봇이 갈 수 있는 가장 빠른 길은 움직이는 칸수가 적거나 방향 돌리기를 적게 하는 거예요.

❷ 칸수를 세어 어떤 길이 가장 빠른지 알아보았다면, 이번에는 초시계를 사용하여 터틀 로봇이 어떤 길로 갈 때 가장 적은 시간이 걸리는지 알아보세요.

❸ 아래의 그림에 부록 활동지의 방향 스티커를 붙여보고, 기본 매트와 터틀 로봇을 이용하여 카드 코딩을 해보세요.

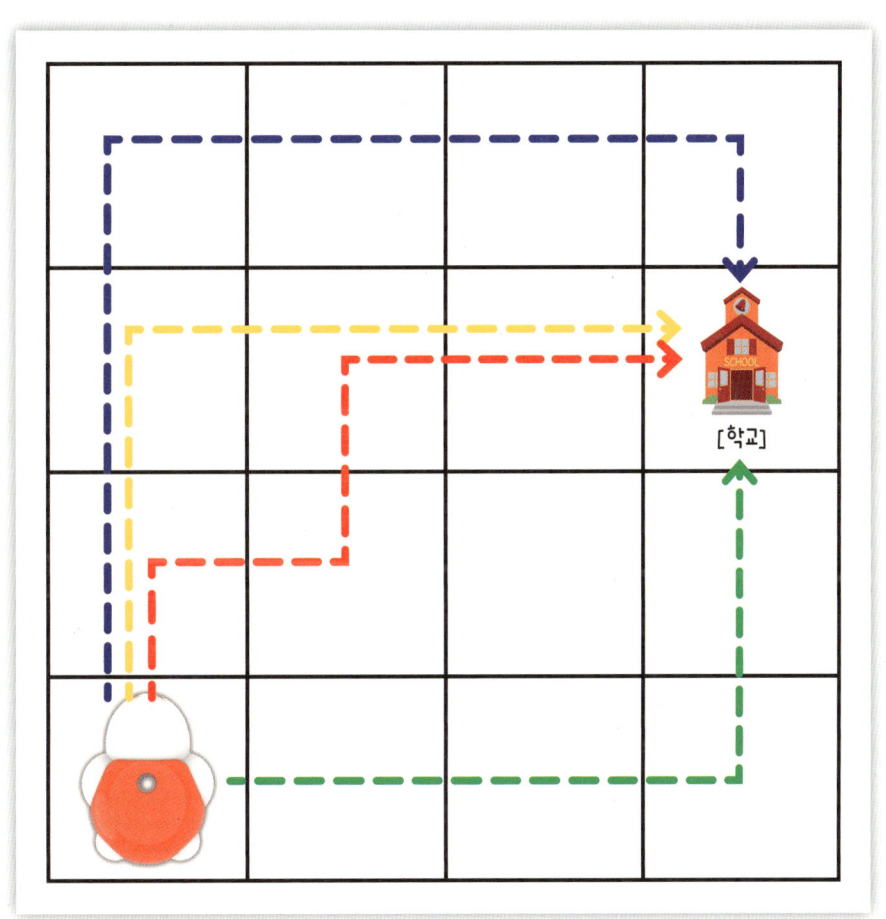

PART 02 :: 카드 코딩 응용 활동 • 061

정답 페이지

 미션도전! 02 정답 기차여행 떠나는 터틀 로봇

 미션도전! 03 정답 샌드위치를 만들어 볼까?

미션도전! 04 정답 — 비행기 타고 여행을 떠나요

터틀 로봇이 가야 할 경로

색깔 카드 입력 순서

- 두 번 입력
- 한 번 입력
- 한 번 입력
- 두 번 입력
- 한 번 입력
- 한 번 입력

함수 카드를 사용한다면?

[두 번 입력 / 한 번 입력 / 한 번 입력] = f (함수 실행하기)

색깔 카드 입력 순서

- f 두 번 입력

정답 페이지

 미션도전! 05 정답 전통춤을 관람해요 ....

터틀 로봇이 가야 할 경로	색깔 카드 입력 순서
	↑ 한 번 입력
	← 한 번 입력
	↓ 한 번 입력
	← 세 번 입력
	↑ 한 번 입력
	← 두 번 입력
	↑ 한 번 입력
	← 세 번 입력

미션도전! 06 정답 — 가장 빠른 길은 어디일까?

터틀 로봇의 숨겨진 기능 1
카멜레온 악기 모드

터틀 로봇은 악기 연주 기능이 있어요. 카멜레온 악기 모드로 들어가는 방법을 알아보아요.

▲ 터틀 로봇의 전원 스위치를 켜고 끄고 켭니다.
(스위치를 오른쪽→왼쪽→오른쪽 방향으로 쉬지 않고 연달아 움직여 주세요)

▲ 삐삐 소리가 나면서 머리 LED가 하얀색으로 깜빡입니다.

▲ 등 버튼을 한 번 누르면 삑! 소리가 나면서 머리 LED가 어두운 회색으로 켜집니다.

풀 컬러 센서
RGB

◀ 터틀 로봇 아래의 풀 컬러 센서가 색깔을 감지하면 해당하는 음의 소리가 나요.

 색깔이 잘 감지되지 않는 경우 컬러 센서 보정을 해주세요
(14p 참조)

1 터틀 로봇과 색깔 카드를 준비해요. 터틀 로봇을 손으로 잡고 머리 아래에 있는 풀 컬러 센서에 색깔을 찍어줍니다. 색깔이 입력되면 머리 LED가 입력된 색깔과 같은 색깔로 바뀌며 해당되는 음의 소리가 나요. 등 버튼을 누르고 있는 상태에서 색깔을 입력하면 한 옥타브 높은 음의 소리가 납니다.

2 카드의 색깔 이외에도 우리 주변의 색깔들로도 소리를 낼 수 있어요.

우리 주변에 있는 다양한 물건(종이, 옷, 책 등)을 이용하여 색깔에 따라 다른 소리가 나는 것을 탐색해 보세요.

PART 02 :: 카드 코딩 응용 활동 · **067**

터틀 로봇의 숨겨진 기능 2
리듬 댄스 모드

터틀 로봇은 리듬에 맞춰 소리를 내며 몸을 움직이는 리듬 댄스 기능이 있어요. 리듬 댄스 모드로 들어가는 방법을 알아보아요. 카멜레온 악기 모드와 제일 처음 진입 방법은 같아요.

▲ 터틀 로봇의 전원 스위치를 켜고 끄고 켭니다.
(스위치를 오른쪽 → 왼쪽 → 오른쪽 방향으로 쉬지 않고 연속해서 움직여 주세요)

▲ 삐삐 소리가 나면서 머리 LED가 하얀색으로 깜빡입니다.

▲ 등 버튼을 두 번 누르면 삐삐! 소리가 나면서 머리 LED가 하늘색으로 켜지고 사이렌 소리가 납니다.

터틀 로봇이 리듬에 맞춰 춤을 출 수 있도록 순서대로 따라해 보아요.
내가 누르고 싶은 리듬을 길게, 짧게, 빠르게, 느리게 거북이의 등을 눌러줍니다(최대 16개까지 박자를 입력할 수 있어요).

❶ 리듬을 입력하고 약 3초 정도 기다리면 입력된 리듬에 맞추어 소리를 내며 뒤뚱뒤뚱 앞으로 이동합니다.

❷ 입력된 리듬을 5번 반복한 후 뒤로 돌아서 다시 반복합니다.

❸ 움직이는 중에 중지하고 싶으면 등 버튼을 한 번 눌러주세요! 삑! 소리가 나며 중지합니다.

❹ 다시 시작하고 싶으면 등 버튼을 다시 한 번 눌러주세요.

- 새로운 리듬을 입력하고 싶다면 등 버튼을 길게 눌러 리듬을 모두 삭제해주세요!
- 리듬을 삭제하는 방법 : 등 버튼을 길게 누르면 사이렌 소리와 함께 머리 LED가 빨간색으로 켜지고 입력된 리듬이 모두 삭제됩니다.

엄마, 아빠와
함께하는 학습지

……

부록
활동지

부 록 * 참 고

책에 있는 부록 자료가 더 필요하다면?
영진닷컴 홈페이지에서 다운로드 할 수 있어요!

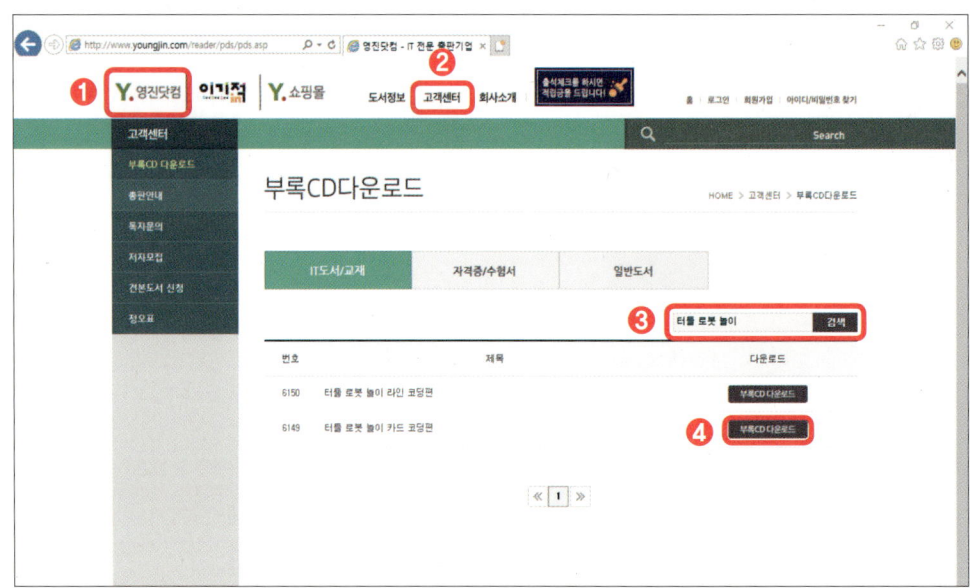

❶ 영진닷컴 홈페이지(www.youngjin.com)에 접속합니다.

❷ [고객센터]를 클릭한 후 [부록CD 다운로드] 게시판에 들어갑니다.

❸ '터틀 로봇 놀이'를 입력한 후 [검색] 버튼을 클릭합니다.

❹ 검색 목록에 나온 '터틀 로봇 놀이 카드 코딩편'의 [부록CD 다운로드] 버튼을 클릭합니다.

❺ 자료를 다운로드 받은 후 프린트해서 사용하면 됩니다.

활동 01 목표물 카드

★ 선을 따라 오려서 사용하세요.

[별] [별] [별] [별]

[별] [별] [별] [별]

[쿠키] [쿠키] [펭귄] [펭귄]

[당근] [당근] [도서관] [도서관]

[기차] [기차] [매점] [매점]

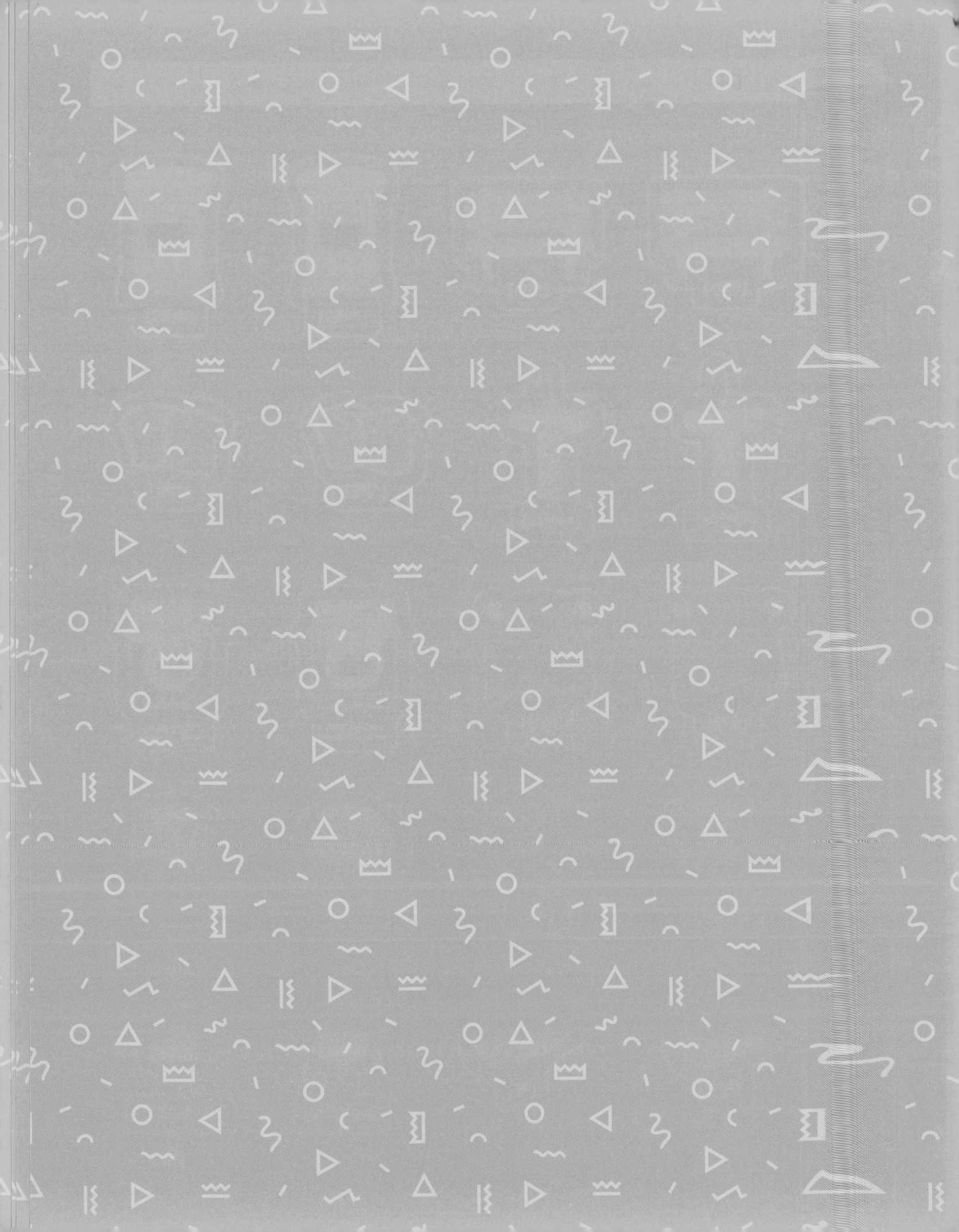